La verdad y nada más

La historia de Samuel: La veracidad
La historia de David y Saúl: El respeto

AMERICAN BIBLE SOCIETY
NEW YORK, NY — PLANTATION, FL

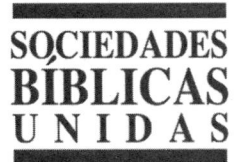

SOCIEDADES
BÍBLICAS
UNIDAS

La verdad y nada más
por Tony Salerno and Katherine Vawter

¡Bienvenidos!

Bienvenidos a *El Prado de Kingsley* donde aprender acerca de la Biblia es una aventura emocionante. Además es muy divertido, como verás en las páginas de este cuaderno. Únete a Kingsley y sus amigos mientras te llevan por los rompecabezas, laberintos, figuras escondidas y muchas actividades más. Y recuerda, ¡la Biblia es el mejor libro de todos!

Índice

3	**Samuel:** **La veracidad** (1 Samuel 1–3)	**17**	**David y Saúl:** **El respeto** (1 Samuel 24)
4	De punto a punto	18	Respeto
5	Página para colorear	19	Página para colorear
6	Cuenta hasta tres	20	Para arriba y para abajo
7	Página para colorear	21	Página para colorear
8	Di la verdad	22	Número 1
9	Página para colorear	23	Página para colorear
10	Haz lo correcto	24	Respeta tu cuerpo
11	Página para colorear	25	Página para colorear
12	Creciendo	26	Dibuja una corona
13	Página para colorear	27	Página para colorear
14	Es hora de limpiar	28	Círculos de respeto
15	Página para colorear	29	Página para colorear
16	¿Qué está mal?	30	Demuestra respeto

Escritor: Dianne Weisbrod   Ilustrador: Tim Davis   Gráficas: M. G. Ron Johnson

© 2001 Sociedad Bíblica Americana. Todos los derechos reservados - 10M-VIII-2008-06 - Impreso en Colombia

ISBN 978-1-585165-41-4

Al comprador de este cuaderno se otorga permiso de reproducir las páginas para su uso en clases solamente, no para uso comercial. Ninguna parte de este cuaderno puede ser reproducida en forma alguna o por medio alguno, electrónico o mecánico, sin el previo permiso escrito de los editores. Este permiso no se extiende a ninguna otra producción de audio o vídeo publicada o distribuida por la American Bible Society bajo esta marca registrada.

Samuel

La veracidad

De punto a punto

Une los puntos para que veas lo que Byron trae.

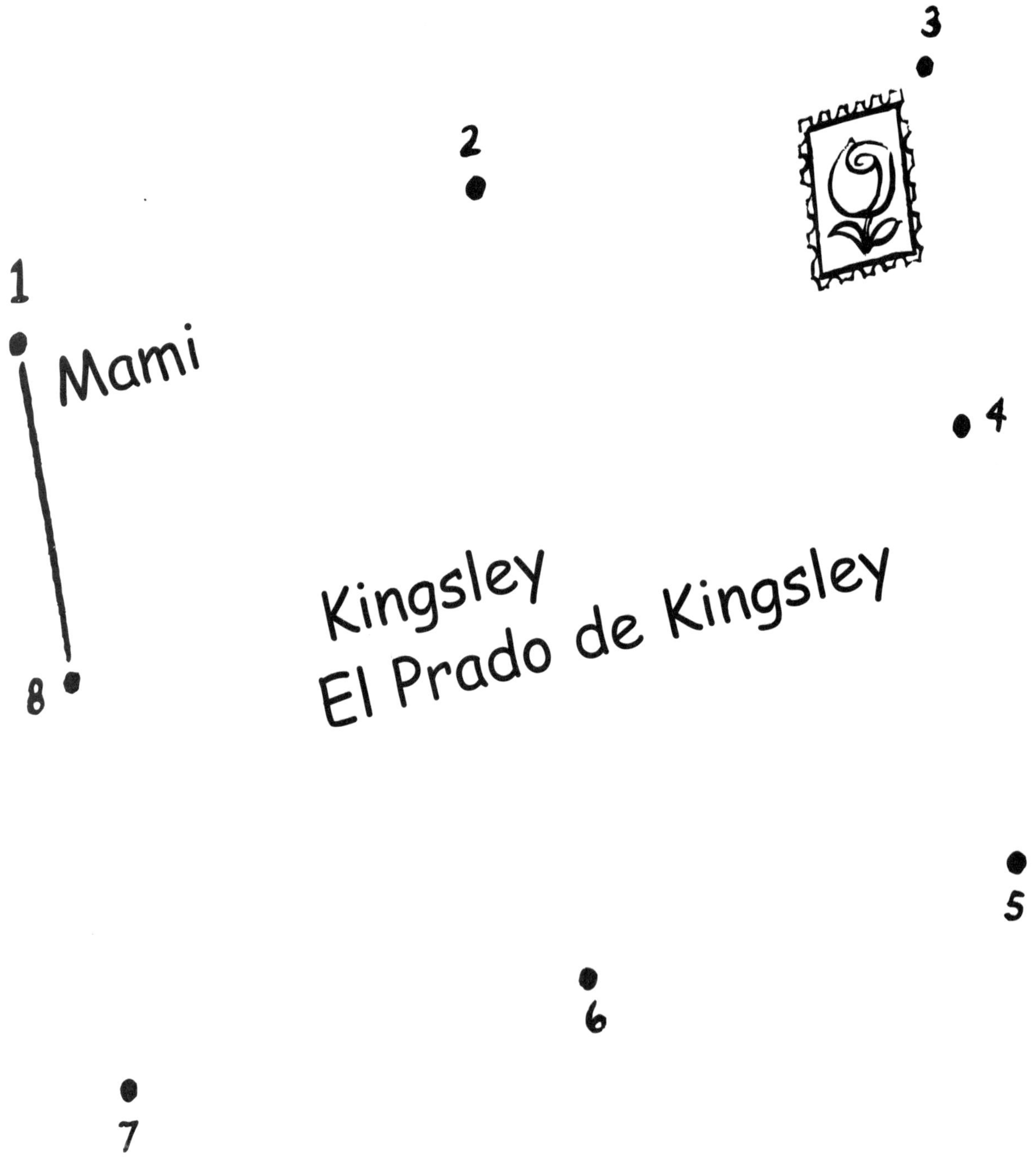

Mami

Kingsley
El Prado de Kingsley

Samuel: La veracidad

El pequeño Samuel quería y respetaba a Elí y le obedecía en todo.

Cuenta hasta tres

Dios llamó a Samuel tres veces, hasta que al fin
Samuel se dio cuenta de que era Dios el que lo llamaba.
Cuenta y colorea los grupos de tres animales en esta página.

Di la verdad

Siempre debes decir la verdad.
Encierra en un círculo la palabra **verdad** tantas veces como la encuentres.

DADREV
VEDRAD
VERDAD
VERDAD
VARDED
DADREV
VARDED
DAVDRE
DAVDRE
VERDAD
DERVAD
DADREV
VARDED
DERVAD
VERDAD
VERDAD
VEDRAD
VARDED
DADREV

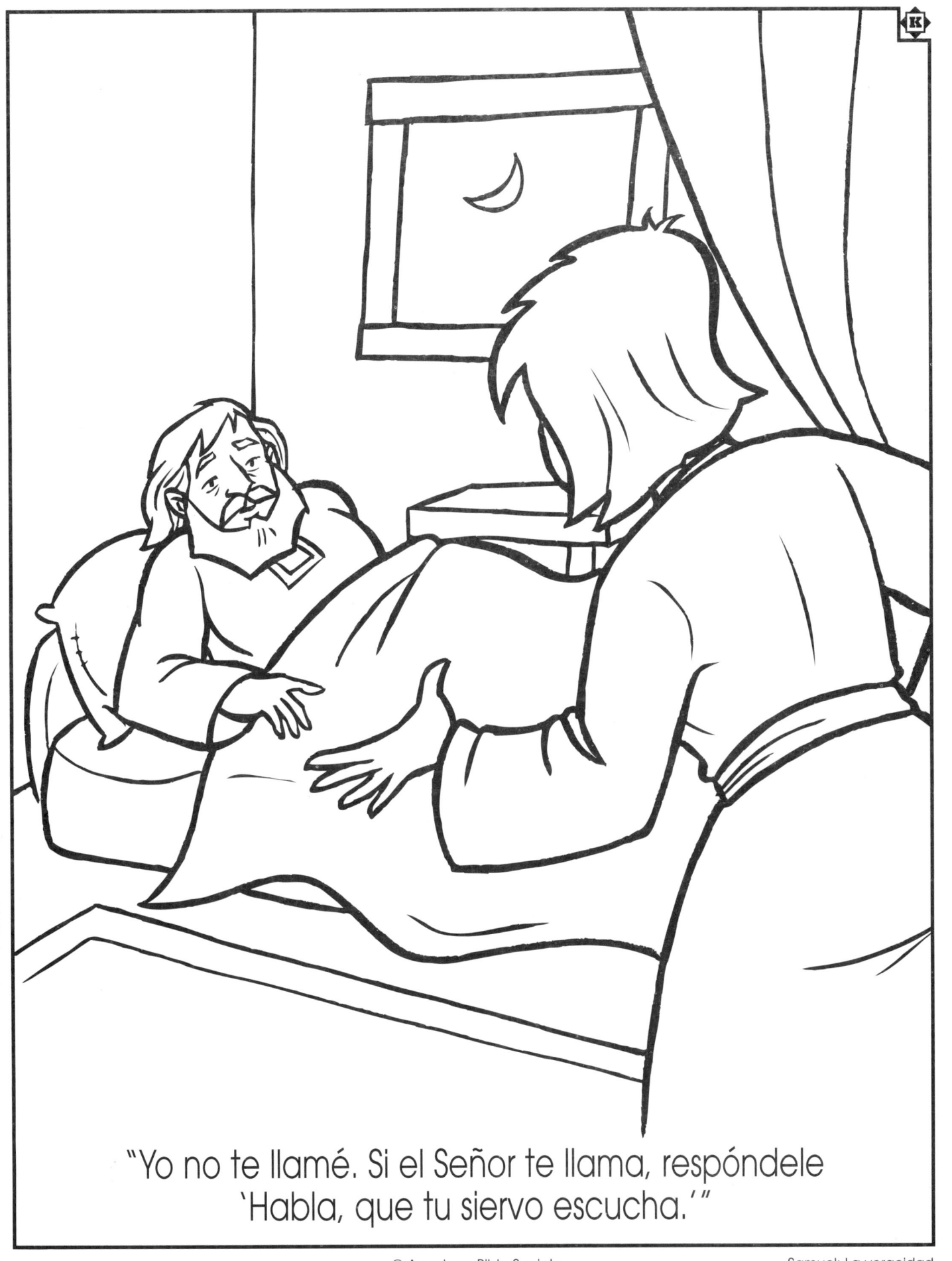

"Yo no te llamé. Si el Señor te llama, respóndele 'Habla, que tu siervo escucha.'"

Haz lo correcto

Ayuda a cada niño a hacer lo correcto. Mira el primer dibujo de cada línea, entonces, encierra en un círculo el dibujo de la derecha que indica lo correcto que el niño debe hacer.

Samuel: La veracidad

© American Bible Society

Creciendo

Arregla los dibujos en el orden 1-2-3.

Samuel creció en el templo.

Samuel: La veracidad
© American Bible Society

Cuando Berta dijo la verdad, todos la ayudaron con la limpieza.

Es hora de limpiar

Ayuda a Berta a limpiar el prado. Encierra en un círculo cada basura que veas en el suelo.

Samuel: La veracidad © American Bible Society

David y Saúl

El respeto

RESPETO

La palabra **RESPETO** está escondida en esta página.
Cada vez que encuentres una letra, coloréala en rojo.

David y Saúl: El respeto © American Bible Society

El respeto es tratar bien a alguien o algo, con aprecio y consideración.

Para arriba y para abajo

Mira cada dibujo y escribe lo que pasa: "para arriba" o "para abajo."

para arriba   para abajo

Si tratas con respeto a todos, "arriba, abajo y a tu lado," también a ti te tratarán con respeto.

David y Saúl: El respeto © American Bible Society

Número 1

Resta las cantidades y encierra en un círculo cada resultado igual a 1.

1 2 3 4

2 - 1 =

4 - 2 =

3 - 2 =

Trata a tus amigos como si cada uno fuera tu amigo preferido, ¡tu amigo número 1!

El rey Saúl, muy cansado, se puso a dormir en la entrada de la misma cueva donde David se escondía.

Respeta tu cuerpo

Colorea al niño del centro de la página. Haz que se parezca a ti. Traza una línea hasta cada uno de los dibujos que enseñan algo que es bueno para ti.

Círculos de respeto

Encuentra el camino al respeto pasando por cada uno de los círculos.

Demuestra respeto

Encierra en un círculo todo lo que puedas tratar con respeto.